JN071081

説明力強化

山際　能理子 著

職業訓練法人H＆A

◇ 発行にあたって

　当法人では、人材育成に係る教材開発を手掛けており、本書は愛知県刈谷市にあります ARMS 株式会社（ARMS 研修センター）の新入社員研修を進行する上で使用するテキストとして編集いたしました。

　ARMS 研修センターの新入社員研修の教育プログラムでは、営業コースをはじめ、オフィスビジネスコース、機械加工コース、プレス溶接加工コース、樹脂加工コースなど全 18 種類の豊富なコースを提供しております。また、昨今の新型コロナウイルス感染拡大を受け、Zoom※でのネット受講でも使用できるように、できる限りわかりやすくまとめましたが、対面授業で使用するテキストを想定しているため、内容に不備があることもございます。その点、ご理解をいただければと思います。

　本書では新入社員研修の内容をご理解いただき、日本の将来を背負う新入社員の教育に役立てていただければ幸いです。

　最後に、本書の刊行に際して、ご多忙にもかかわらずご協力をいただいたご執筆者の方々に心から御礼申し上げます。

2021 年 3 月

職業訓練法人　　H&A

※Zoom は、パソコンやスマートフォンを使って、セミナーやミーティングをオンラインで開催するために開発されたアプリです。

◇ 目次

第1章　説明力概論　— 説明の意義と効用 —

01　なぜ、説明するのか　　　　　　　　　　　　　6

　1．説明の方法　　　　　　　　　　　　　　　　6
　2．説明と説得　　　　　　　　　　　　　　　　7

02　説明力とは　　　　　　　　　　　　　　　　8

　■　説明力の要素　　　　　　　　　　　　　　8
　Ｌｅｓｓｏｎ１　　　　　　　　　　　　　　　9

第2章　心理メカニズムの理解　— 心理を学ぶ —

01　心理メカニズムとは　　　　　　　　　　　　12

02　顧客心理　　　　　　　　　　　　　　　　　13

03　AIDMA 心理　　　　　　　　　　　　　　　14

04　マーケティング心理　　　　　　　　　　　　15

05　噂やデマの心理　　　　　　　　　　　　　　16

　演習ワーク（情報の追加、脱落、歪曲）　　　　16

06　アドラー心理　　　　　　　　　　　　　　　17

　Ｌｅｓｓｏｎ２　　　　　　　　　　　　　　　17

第3章　行動の理由

01　非言語情報を武器にする　　　　　　　　　　20

　1．視覚情報　　　　　　　　　　　　　　　　20
　Ｌｅｓｓｏｎ３　　　　　　　　　　　　　　　23

２．聴覚情報　　　　　　　　　　　　　　24
Ｌｅｓｓｏｎ４　　　　　　　　　　　26
３．空間管理　　　　　　　　　　　　　27
４．ツールの活用　　　　　　　　　　　29

02　説明力の能力要素　　　　　　　　　　32

１．インタビュー能力　　　　　　　　　32
Ｌｅｓｓｏｎ５　　　　　　　　　　　33
２．プランニング能力　　　　　　　　　35
Ｌｅｓｓｏｎ６　　　　　　　　　　　36
３．ネゴシエーション能力　　　　　　　39

第4章　プレゼンテーション

01　論理構築　　　　　　　　　　　　　　42

１．論理思考（演繹法と帰納法）　　　　42
２．演繹法　　　　　　　　　　　　　　43
Ｌｅｓｓｏｎ７　　　　　　　　　　　44
３．帰納法　　　　　　　　　　　　　　45
Ｌｅｓｓｏｎ８　　　　　　　　　　　46
４．演繹法と帰納法の関係　　　　　　　47
５．ピラミッドストラクチャー　　　　　47

02　説得のテクニック　　　　　　　　　　48

１．応酬話法　　　　　　　　　　　　　49
Ｌｅｓｓｏｎ９　　　　　　　　　　　53
２．その他の説得　　　　　　　　　　　54

03　プレゼンテーション　　　　　　　　　55

１．基本の考え方　　　　　　　　　　　55
２．PREP 法と SDS 法　　　　　　　　　57
Ｌｅｓｓｏｎ１０　　　　　　　　　　58
３．その他の方法　　　　　　　　　　　60
４．効果的なプレゼンテーション　　　　63

第 1 章

説明力概論
― 説明の意義と効用 ―

01 なぜ、説明するのか

　私たちは毎日さまざまな場面で説明しています。例えば、仕事では、担当している業務の進捗状況を説明します。また、営業職として自社の新製品をアピールするときも必ず説明しています。一方プライベートではどうでしょうか。友人に最近観た映画の話や好きなゲームの話を説明しているのではないでしょうか。このように日々仕事やプライベートで頻繁に説明が行われているのです。

　では、説明しないでいるとどのようなことが生じるのでしょう。会話が続かないのはもちろんのこと、自分の意図が伝わらず相手の中に誤解や憶測が生まれます。よって、仕事では担当業務が滞り、周囲との連携も上手くいかなくなったりします。新製品の良さが商談相手に伝わらず、成立に繋がらないといった事態が想定できます。また、友人関係ではミスコミュニケーションから互いの中に不穏な空気が生まれることが考えられます。

　つまり、説明することは仕事を前に進めることであり、コミュニケーションを円滑にするためのものでもあり、目的や目標に向かう近道なのです。

1．説明の方法

　説明の方法としては、次のようなものがあります。

　言葉だけで説明する、資料や模型などを使用して説明するなど、方法も状況によってその都度変わります。また、対面で説明する、電話で説明する、パソコン画面からリモートで説明する、手紙やメールなどで文字だけで説明するといった場面も考えられます。

　このように説明の方法は多岐に亘ります。

　また、説明の内容も目的によって変えていかなければなりません。

　伝達の場合は、情報のヌケや漏れが無いように注意する、イメージや実例を説明するときは、相手の理解度に合わせて伝える情報を精査する、定義を明確にする場合は、現状分析や先の見通しを伝えることを忘れない、機能や性能を述べる場合は、プラス面とマイナス面の対比を伝えるなどが必要になってきます。

　説明とは、その時々の状況下において目的を考え言葉を選びながら話すことが求められるのです。

2. 説明と説得

では、説明と説得の違いを考えてみましょう。

例題

あなたは最近ジョギングを始めました。理由は、体重が増加したからです。最初は三日坊主で終わると思いましたが、一ヶ月続いています。やってみると意外にも爽快です。結果的に仕事にも張り合いが生まれました。最初は確かにキツイけど、続けていくうちに習慣になりました。早起きするために、夜も早めに就寝することで健康的な生活に変化して、体重も1kg減りました。朝から身体を動かすとやる気も増すような気がします。仕事も順調に捗ります。

★上記の内容を友人に説明する場合

★友人も是非一緒に走ろうと説得する場合

　説明は相手に理解を促し、説得は相手を動かします。

　ジョギングの話を聞いた相手が、「へえ～そうなんだ」と納得したら説明は成功ですし、一度でも一緒に走ることになったら説得の大成功です。

　日常でも、話を聞いて、気持ちが変わることは度々あります。それこそが、説明という技術を駆使した説得なのです。

02　説明力とは

　相手に説明や説得をする力が説明力です。説明力とは、プレゼンテーションです。プレゼンテーションというと会議などでスクリーンを使用し多人数の前で発表するというイメージかもしれませんが、日々説明をしている私たちにとって、日常はプレゼンテーションの連続と捉えることができます。

■ 説明力の要素

　説明力というと、知識や経験からくる言語能力と判断しがちですが、豊富な言語能力がある人がプレゼンテーションの達人になれるかと言えば、そうとも限らないのが現実です。反対に言葉の数は少ないけれど、心に残るプレゼンテーションをする人も少なくありません。それは、説明力には言語能力以外に必要な要素が含まれているからです。

　コミュニケーションの要素は、下図の「メラビアンの法則」のように、言語情報はわずか7％でしかありません。多くは、その言語を発信する姿や形に依るところが大きいのです。素晴らしい知識を立て板に水の如く説明したとしても、怖い表情で横柄な態度で上から目線で話したとしたら、素直に聞く気持ちになれないのが私たちの心理です。また、小さな声で何を話しているのかわからないのも同様です。

　説明力とは、まず、聞きたい、聞いてみたいと相手に感じさせることが重要なのです。

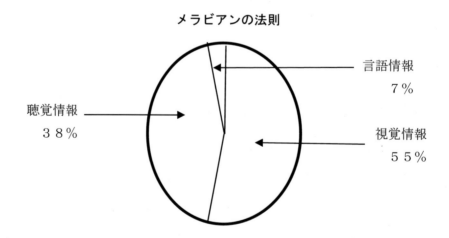

メラビアンの法則

言語情報
7％

視覚情報
55％

聴覚情報
38％

Ｌｅｓｓｏｎ１

説明を聞いてみたいと思う人とはどのような人でしょうか。具体的に挙げてみましょう。

例：感じの良い挨拶ができる人

フィードバック

Lesson1 で挙がった具体的な内容で自分自身を振り返ってみましょう

できているところ	不十分なところ

　具体的に挙がった内容は、説明力を磨く上で備えておきたい要素です。知識や経験、技術を効果的に伝えるために、自分自身が不十分と感じている点は改善していく必要があります。

　自分のことは自分が一番わかっていないと言われます。「ARMS 新人研修テキスト 職業能力基礎講習」の 92 ページにある『ジョハリの窓』★要確認を思い返してください。自分の成長に他人の存在は欠かせないのです。できているつもりでも、他人からすればできていないことも多いものです。あなたの成長のためにも、他人の声に耳を貸す人でいましょう。また、できているからそれでいいのではなく、常に意識する心構えがあなたを成長させてくれます。

　心が形を創り、形が自信を生み出します。誰が見ても話を聞きたいと思わせる人になることが先決です。

第 2 章

心理メカニズムの理解
― 心理を学ぶ ―

01 心理メカニズムとは

　さて、心はどこにあるのでしょうか。

　身体的には心臓を指すことが多いと思いますが、心臓が感情を作っているのではなく、感情は脳が司っています。脳が思考し、感情を生み、行動を起こすのです。

　私たちが使用する日本語には、心という文字がつく言葉がたくさんあります。

　心ここにあらず、心もとない、心づくし等、感情の機微を表現しています。

　心理メカニズムとは、感情の仕組みのことです。自分で考えて行動することは顕在意識、自覚していない意識は潜在意識といいます。潜在意識は、価値観や習慣、思い込みなどから形成された無意識の感情の領域です。

　ここでは、仕事に役に立つ潜在意識をピックアップしています。それぞれの立場での顕在意識や潜在意識を理解すれば、仕事をスムーズに運ぶための準備が整います。

思考
感情
行動

02 顧客心理

　仕事をする上でもつべき意識は、組織人としての心構えです。中でも顧客意識は優先順位の一番に位置します。顧客とは自分以外全ての人を意味します。取引先だけでなく職場の人も顧客と考えることも大切です。そうすれば、仕事をスムーズに運ぶことができます。以下は、顧客の心理の一例を表したものです。

●歓迎されたい心理

存在そのものを認め、受け入れ、喜んでほしいという気持ちです。
挨拶や会話に笑顔がないと、否定や排除のサインとして受け止められてしまうのです。

●独り占めしたい心理

自分に親切に対応してほしいという気持ちです。
他の人と比べて自分には不親切だと感じたとき、不信感が湧くものです。

●優越を感じたい心理

特別扱いしてほしいという気持ちです。公正公平にすることが前提ですが、何かしら褒められれば他者に優越感を抱くことができます。

●損をしたくない心理

同じことをしても他の人は何もないのに自分だけ何かしら問題が生じると不愉快な気持ちになるものです。

●自分本位の心理

快適で満足できるものであってほしいという気持ちです。立場が変われば求めるものも変わります。

●不安の心理

トラブルや嫌な思いを避けたいという気持ちです。実行する前にあれこれ悩むのもこの心理があるからです。

03 AIDMA 心理

　AIDMA 心理とは、購入心理と呼べるもので、商品購入までの心のプロセスを解いています。街を歩いているとショーウィンドウに目が留まり、つい店に入ってしまうことが誰にでもあると思います。ショーウィンドウに飾られるものは、その店のコンセプトを表すものであったり、最新のものであったりします。いわば人寄せパンダの役割で、目的は入店へといざなうための手段です。

　結果として、店の商品購入に至らなくとも、店の認知度を上げることになり、再来店に繋がるきっかけができるのです。

Attention	Interest	Desire	Memory	Action
注目する	興味を抱く	欲求が湧く	記憶する	行動を起こす

　AIDMA 心理は購入心理だけでなく、対人関係においても同じと考えてよいでしょう。営業は扱う商品や製品を売るだけでなく、説明する人を信用してもらうことでもあるからです。信用は積み重ねによって得られるため、最初のスタートで躓くとその後のフォローが困難です。

　爽やかな笑顔の第一印象から始まり、その感じの良さから話を聞こうという気持ちが湧き起こり、適切な説明で製品や商品の信用性を感じ鮮明に記憶に残り、今後の商談となるのです。

　また、説明する話の構成そのものにこの心理をあてはめることも可能です。相手が注目する情報を先に提示し、その上で詳細を説明していく戦術です。

　人が注目するのは、優位性があるか、意外性をもっているかのどちらかです。どちらの方法で説明するかは、あなたの腕しだいです。

04 マーケティング心理

　アメリカの社会心理学者ロバート・B・チャルディーニは人の行動に影響を及ぼす６つの要因と法則を提唱しています。購買促進のためにこの心理学は広く用いられています。

６つの要因と法則

（1）返報性

　他人の親切にはお返ししようとすることです。

　親切にしてもらったら、何かしらのお礼を考えるものです。

　試食販売で好意を覚え、つい、予定外の商品を購入してしまうのも返報性からくるものと言えます。

（2）コミットメントと一貫性

　一度決めたことを自分以外の誰かに宣言したら、なんとしても貫こうとすることです。途中で変更したり、やめてしまったりすると自分の信用にも関わってくるため、コミットメントした時点で強い一貫性となるのです。

（3）社会的証明

　世の中で広く受け入れられているものは良いものであるという考え方です。行列に並ぶのも高級食パンを求めるのも社会的証明によるところが大きいと言えます。

（4）好意

　好意を持つ人から要求されると承諾してしまうことです。ちょっとしたお願いでも好意を持つ人とそうでない人から言われた場合、好意を持つ人からなら簡単に承諾しますが、そうでない人からの場合は、少しためらうことがあるはずです。

（5）権威

　社会的評価の高い人が言うことは正しいことと判断しがちになることを言います。著名人や学者などが発言したことを鵜呑みにしがちです。この心理を用いて、本の表紙の帯コメントなどがあります。

（6）希少性

　数少ないものに価値を感じることを言います。限定商品やここだけといった声に思わず惹かれてしまうことも少なくないはずです。

05 噂やデマの心理

　話に「尾ひれ背びれがつく」「人の噂も七十五日」といった言葉があるように噂やデマが起きるのはなぜでしょうか。

　デマの心理学の著者であるＧ・Ｗ・オルポートは、デマは重要さと曖昧さの積であるとしています。受け取る側によって重要な事案であり、真実性が隠され曖昧な状態であればあるほどデマが流布していくということです。

　事実は一つしかないのですが、人から人へと情報が伝達されていく中で、余計な情報が追加されたり、何らかの情報が脱落したり、情報そのものが歪曲されたりしていきます。

　悪い噂は、あっという間に広がります。

　例えばあなたが嫌な思いをしたとします。その思いを何人の人に伝えますか？ある調査によると 10 人程度と言われています。それだけなら大したことはないと思いがちですが、話を聞いたその 10 人がまた聞きでそれぞれ 5 人ずつ話したとしたら、あっという間に 60 人に広がっていきます。事の真相を正しく理解しないまま誰かに話すという連鎖が起きるのです。

　反対に、良い噂はじわじわとやってきます。そこには、チャルディーニの法則による発信元の人物に好意があるか否かが影響するものと考えられます。

　情報を正しく認知するためには、噂やデマは鵜呑みにせず、疑問を持ちながら聞くことです。もしも、あなたの会社やあなた自身に関わることであれば、発信元を特定することに力を割くのではなく、目の前の人に対して冷静に事の真相を説明する力が不可欠です。

演習ワーク（情報の追加、脱落、歪曲）

演習手順

- ■1 チーム 5 人ずつ　担当の順番を決める
- ■最初の人は、2 分間イラストを見てその後、次の人に 1 分間口頭で伝言する
- ■2 番目の人は 3 番目の人に、3 番目の人は 4 番目の人に、4 番目の人は 5 番目の人にそれぞれ同じように 1 分間口頭で伝言する
- ■5 番目の人は、聞いた内容を紙に書く

注意：メモはできませんが、ジェスチャーはＯＫ

06 アドラー心理

　心理学の３大巨頭といえば、フロイト、ユング、アドラーです。
　フロイトやユングは潜在意識に着目し、過去や環境が深く影響している原因を説いていますが、アドラーは現在を生きるために理論構築された心理学です。

【６つの考え方】

➢ 　行動の原因ではなく、目的を理解する

➢ 　全体の立場から物事を捉える

➢ 　主観的な意味づけを重視する

➢ 　あらゆる行動は対人関係から始まる

➢ 　自分の行動は自分で決める

➢ 　他者に関心を持ち、相手を援助する

参考：日本アドラー心理学会

　ＩＴ時代のビジネス環境は、リモートワークが導入され働き方が大きく変わることになりました。今後は、変化の激しい中でのキャリアマネジメントが求められていくはずです。
　アドラーは、すべての悩みは対人関係の悩みであるとした上で、人間は過去の原因によって突き動かされているのではなく、今の目的に沿って生きているとしています。過去の自分は他人、これから生きることに過去は関係ない。今の幸せを実感できないのは、能力やお金や環境のせいではなく、変われないことにあるとしています。変われないのは、変わらない決心を自分で下しているからという考え方です。

　目的思考で仕事に取り組むための、勇気の心理学とも言えます。

Lesson2

あなたの仕事の目的は何ですか
また、目的達成のために立ちふさがる悩みは何ですか

第 3 章

行動の理由

01　非言語情報を武器にする

　相手に納得や承認、承諾を得るためには言葉だけでは不十分であることは第１章でも説明しました。では、非言語情報とは何があるのでしょうか。

　この章では、非言語情報が及ばす影響力の高さを確認します。

　説明力の主軸はあくまでも言語情報ですが、非言語情報は言語情報を活かすための重要な役割を持っています。非言語情報が武器となり思いがけない成果をもたらすこともあります。反対に、非言語情報によって思いもしなかったシナリオを導いてしまうこともあるのです。非言語情報が相手に与える影響を知り、その上で効果的に使用することができれば、説明力向上に一役買うことになります。

１．視覚情報

　メラビアンの法則は第一印象に留まらず、コミュニケーションにおいての情報そのものを受け取る割合でもあります。視覚情報は５５％、聴覚情報は３８％。これで約９割強を占めます。

　「百聞は一見に如かず」ということわざがあるように、活字でニュースを読むより、映像で観た方が一瞬にして状況が把握できます。商品や機器を購入すると取り扱い説明書がついていますが、文字で記述されているものより、イラストや写真で説明されているものの方がわかりやすいということが多々あります。つまり、視覚情報は物事を把握するための大半の割合を占め、少なからず判断に影響を与えるというわけです。

視覚情報

身だしなみ
表情
視線（アイコンタクト）
姿勢
所作（身のこなし）
動作（ボディアクション）

　受け取る相手側は、これらの視覚情報をキャッチしながら、説明内容を聞くのです。

これから説明する内容は、基礎講習で学んだものと重複することも多く登場します。復習を兼ねて説明力の影響を確認していきます。

（1）身だしなみ

扱うものに応じた適切な身だしなみが好ましいです。スーツでも作業着でも清潔感が肝心です。洋服や髪型、靴、爪など、相手に違和感や不快感を与えない身だしなみが必要です。

米国の心理学者レオナード・ビックマン博士による有名な実験があります。
電話ボックスの棚に 10 セント硬貨を置き、その後、電話を利用する人に『ここに 10 セント置き忘れたのですが、ありませんでしたか？』と尋ねます。言われた人は、硬貨を返却するか否かといった実験です。

> 硬貨が返った確率は
> きちんとした服装をしている場合は　77%
> みずぼらしい服装をしている場合は　38%

身だしなみによる信用度が大きいのがわかります。人は見た目に左右されます。信用度を下げないためにも清潔感は不可欠です。

（2）表情

説明する内容によって使いわける必要があります。表情の印象は、眉と口角が関係しています。下図のイラストを参考にしてみましょう。また、注意したいのはあごのラインです。自分ではなかなかわかりにくいものですが、あごが上がると嫌味な印象に、下がると陰気な印象になります。

＊イラストで確認　【あなたはどのタイプ？】

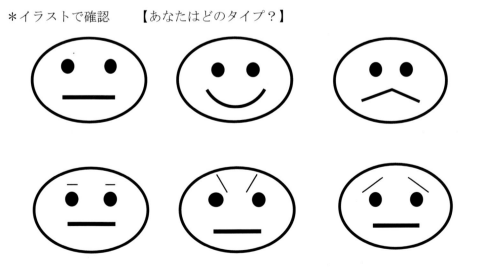

（３）視線（アイコンタクト）

　目を合わせて話すというのは原則ですが、苦手な人も少なくありません。目が合わないからといって相手に興味がないとは言いきれないのはその証拠です。アイコンタクトが苦手な人は、ブラウン管ゾーン（ひたいからあごまで）の広範囲を見て話せば、目を合わせているように映ります。

イラスト（ブラウン管ゾーン）

ブラウン管ゾーンは
ひたいから顎までですが、
**眉から口元までが
最も効果的**

　　　　　　ブラウン管ゾーンを確認してみましょう。

　説明の最初と最後は必ずアイコンタクトを忘れないようにするのも重要です。最初は、「今から話します。聞いてください」の意味、最後は「いかがでしたか？」の意味になります。目は口ほどにものを言うということわざがあるように、アイコンタクトは心理的にも有効に働きます。説明している間の注視率が80％以上だと誠実、親近感、熟練などの印象を与えますが、15％を下回ると冷たい、弁解、未熟などの印象を与えます。

　アイコンタクトは、３秒間キープを心掛けましょう。１、２秒で終わってしまうとアピール度が少なくなりますが、３秒キープすれば説得力が増します。反対にアイコンタクトが長すぎると逆効果ですので気をつけましょう。また、人は心臓を守るため無意識に左側に視線が働きます。多人数に話すときは、アイコンタクトが自分から見て右側の人にも届くように気をつけます。ワンセンテンスごとに視線を移動させると良いでしょう。

（４）姿勢

　姿勢が悪いと良いイメージは与えられません。うつむきがちな猫背の人は自信の無さや信用度に関わってきます。胸を張り堂々とした姿勢は自信の現れですが、行き過ぎると威圧感を与えてしまいます。立ち姿勢も座り姿勢も、身体の重心は常に中央に置きます。

（5）所作（身のこなし）

　テキパキと動けば仕事が早いイメージに、ゆっくりと動けば丁寧なイメージになります。相手の状況に応じて身のこなしも変えていきます。注意したいのは、リラックスから足を組む所作です。相手が足を組んでいないときにこちらが組むと不遜な印象を与えかねません。また、靴を引きずりながら歩く癖がある人もだらしない印象を与えてしまうので気をつけなければなりません。

（6）動作（ボディアクション）

　身振り手振りは熱意の現れです。手を広げ上下に動かしながら話す動作はケネディチョップと呼ばれ、こぶしを作り上下に動かす動作はクリントンハンマーと呼ばれています。ケネディ大統領の演説を聞いたひとりの少年が、のちのクリントン大統領でした。手の動きが加わると積極的で活動的な印象に変化します。反対に余計な手の動きがなく、身体全体を微動だにせず話す姿は、緊張感を生み出します。重要な説明で、落ち着いて聞いてもらいたいときに有効です。

Ｌｅｓｓｏｎ３

演習手順

- ■二人一組になる
- ■交代で、『私のおすすめ』について１分間説明する
  その際、ブラウン管ゾーンと３秒間を意識しながら、手は膝の上に置き動かさない
- ■同じようにブラウン管ゾーン、３秒間を意識しながら、ケネディチョップやクリントンハンマーを使用し、１分間『私のおすすめ』を説明する
- ■互いに感想を述べ合う

２．聴覚情報

　非言語情報のもう一つは、聴覚情報です。３８％の割合を無視することはできません。声はスピード、滑舌、トーン、抑揚によって印象が変化します。

（１）スピード

　聞きやすい速さは１分間に 300 字〜350 字です。これは NHK のニュースを読むアナウンサーの速さです。民放のアナウンサーはそれより 100 文字程度速く話しています。世の中の動きが早くなり、私たちの話し方も昔に比べ速くなりつつありますが、相手が高齢者の場合は、240 文字程度しか受け取れないという研究結果があります。相手によって話すスピードをコントロールする必要があるのです。

（２）滑舌

　滑舌が悪いと伝わりにくいのは事実です。滑舌は口の開け方次第で克服できます。日本語は口を大きく開けなくても話せる言語のため、ヨコに開ける癖がついてしまっています。滑舌を良くするためには、口をタテに大きく開けます。急がないで言葉をゆっくり話すように心がければかなりの確率で滑舌は良くなります。

　日本語は母音（ア・イ・ウ・エ・オ）でできているので、この母音の口の開け方が滑舌の鍵を握っています。

> ア＝指がタテに２、３本入るくらい開ける
> イ＝ヨコに口を開ける
> ウ＝前に思いっきり突き出す
> エ＝イの口でそのまま下あごを下げる
> オ＝うずらの卵１個が入るくらい開ける

簡単発声練習

> ア・イ・ウ・エ・オ
> イ・ウ・エ・オ・ア
> ウ・エ・オ・ア・イ
> エ・オ・ア・イ・ウ
> オ・ア・イ・ウ・エ

> あぶりカルビ

と５回言ってみましょう！

正しく５回言えたら、滑舌も OK です。

（3）トーン

　聞きやすいトーンは、音階の「ソ」の音と言われており、普段よりワントーン高めです。口角が上がればトーンはそのまま上がりますので、口角を意識すれば調整可能です。注意したい点は、トーンがよくても語尾が聞こえないことです。語尾が消えてしまうと、消極的な印象になり、言いたい事が伝わりにくくなります。語尾は最後まではっきりと発音しましょう。

（4）抑揚・間

　抑揚は声にリズムを吹き込みます。強弱や高低をつけると、伝えたい部分が強調されます。強調させる方法のもう一つは「間」を活用することです。重要な箇所や、相手に聞いてもらいたい箇所の前に「間」を入れると効果的です。「間」は相手との間に心理的な橋を架ける役割があります。

　次の文章に間を入れるとしたら、どこに入れますか？

> 　私は、明るい性格ですが落ち込むことも多く、友人からはジェットコースターと呼ばれています。

　<u>ジェットコースター</u>の前に間を入れると、印象に残りやすくなります。

（5）主体の存在

　言葉は主体が欠けてしまうと相手の捉え方が異なってきます。

　次の文の意味を考えてみてください。

> 　昨日、友人が料理が美味しいと褒めたので喜んだ

　（A）私の料理が美味しいと友人が褒めたので、私が喜んだ
　（B）友人の料理が美味しいと私が言ったので、友人が喜んだ

　このように、二つの捉え方が存在します。

　主体が欠けてしまうと、意味が取り違えられてしまうことがあるので十分注意しなければなりません。視覚情報がない電話では往々にして生まれるケースです。

　聴覚情報は伝えたい内容そのものに色をつけてイメージを湧かせる役割を持っています。説明力の技術として是非とも身につけたいところです。

Ｌｅｓｓｏｎ４

下記の文面を聴覚情報のポイントを意識しながら読んでみましょう。

演習手順

■ペアになる

■強調したい箇所（抑揚や間）を３ヵ所選び下線を引く

■話し手は、スピード、トーン、滑舌を意識しながら読む

■聞き手に、強調した箇所を尋ねる

■強調したい箇所が正しく伝わっていたらOK！

読んでみましょう

人を動かす秘訣は、この世に、ただ一つしかない。

この事実に気づいている人は、はなはだ少ないように思われる。

しかし、人を動かす秘訣は、間違いなく、一つしかないのである。

すなわち、自ら動きたくなる気持ちを起こさせること。

これが、秘訣だ。

デール・カーネギー

3．空間管理

　説明をする場面では、少なからず空間が心理的に影響しています。例えば、相手のどの位置から説明するかで心理的なアプローチとなるのです。

　下図は空間による心理を表したものです。

　理性の空間は、互いの顔が正面に位置するため緊張感が生まれます。契約や規則など大切なことを間違えないように伝える場合に適しています。

　情の空間は、コミュニケーションを取る場合に使用します。相手の斜め前に位置することで互いの視線が真正面ではなくなります。それにより、リラックスした気分になれます。

　後ろは見えないため無防備です。そのため恐怖の空間となります。いきなり後ろから声をかけられると大抵の人は驚きます。後ろから声はかけても横や前に回り込んでから話すのが基本です。

　机を挟む着席の場合も同様に、相手に緊張感を与えないようにするためには、少しだけ左右どちらかに移動して真正面にならないようにする（A）、直角に座る（B）方法があります。

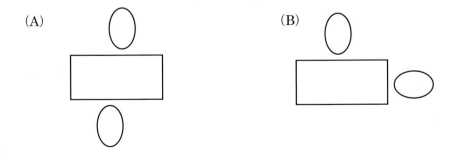

但し、直角に座る（B）の場合は、初対面では注意が必要です。

角に座ると距離が近くなり、落ち着かない人もいます。

　私たちは、見ず知らずの他人が自分に近づいて来ると、本能で距離を取ろうとします。空いている電車の車両で自分の隣に他人が座ると、自ら少しだけ座り直して距離を取ろうとしていませんか。これは、パーソナルスペースといって、自分の空間を守ろうとする心理です。距離の個人差はありますが、平均的には両手を広げた空間の距離をいいます。この距離は、相手との関係性によって変化します。親密になればその分、距離も短くなります。

　情報のやりとりは、非言語情報によって大枠が捉えられ、言語情報はその枠の中に入れられます。大枠が歪められてしまうと中に入る言語情報も正しく伝わらない可能性があるため気をつけましょう。

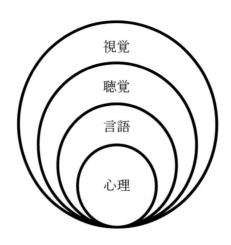

４．ツールの活用

　説明力を補うものとして、パソコンや資料、ホワイトボード、模型などといったツールを利用します。それは、言葉だけでは記憶に留められないからです。説明する側だけでなく、聞いている側も同じです。

　あなたが人並外れた記憶力の持ち主で、伝えたいことは全て頭の中に入っているという自負があるならそれはそれで大変素晴らしいことです。しかしながら、一般的に人は忘れるようにできています。

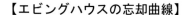

【エビングハウスの忘却曲線】

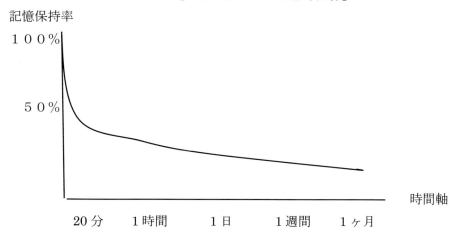

記憶保持率

100％

50％

時間軸

20分　　1時間　　　1日　　　1週間　　　1ヶ月

　このデータによると、20分後には42％忘れ、1時間後には56％、1日たつと67％、1週間後で77％、1ヶ月後には79％忘れてしまうという結果です。忘れるようにできているから、忘れさせないように工夫することが求められるのです。
　忘れることが当たり前の中で、記憶に残るように操作することが説明者の仕事です。

　同じことを6回以上繰り返すと記憶しやすくなるという研究結果があります。2回や3回で終わると単にしつこいだけで終わりますが、6回以上となると重要なキーワードに変化し、記憶しやすくなるのです。選挙で名前を連呼するのは、この法則を利用したものです。

また、聞き手に覚えてもらうために、情報は紐づけて伝えます。

単純に羅列で伝えるより、効果があります。

検証ゲーム

下枠の単語を30秒間で覚えてみましょう。

```
野球    すいか    自転車    新幹線    いちご    プール    帽子
ゴルフ    とんかつ    バーベキュー    水着    車    扇風機
エアコン    クッション    鉛筆    椅子    パソコン    花瓶
茶碗    コップ    ソファ    テレビ    机    バイク    はさみ
ノート    桃    釣り    皿
```

いくつ覚えられましたか？

また、どのようにして覚えましたか？

　上記のような単語を覚える記憶容量は、一般的に＜7±2＞と言われています。記憶容量を増やす方法として、関連性を持たせて覚えると記憶容量が増えるという実験結果がありますので、同じカテゴリーで覚える連鎖方法が効果的です。

　また、記憶させる方法として、レストルフ効果を意図的に使用するのも効果があります。

　これは、同じものが並んでいる中で意外なものがあると記憶しやすくなるというものです。例えば黒い文字の中に、下線やマークなどが入るとそこだけ目立ちます。文字の大きさや濃さが違っても目立ちます。他との差別化を図ることで記憶に繋げるのです。

例

説明力	説明力	<u>説明力</u>	説明力	説明力
説明力	説明力	説明力	●説明力	説明力
説明力	説明力	説明力	説明力	説明力
説明力	説明力	説明力	説明力	**説明力**

ツールを利用しながら説明する際の注意点も次にまとめました。

（1）タブレットやパソコンといった電子機器を使用する場合、操作に時間がかかるときには説明する前に一言その旨を伝える。説明時も、ツール中心にならないようにします。

先にどれくらいの時間を有するかを伝えることで、説明を聞いてもらえる相手にとって受け入れる態勢ができます。また、パソコン画面ばかり見て相手を見ないで説明すると理解度は低くなり印象も悪くなります。

（2）資料やパンフレットを見せる場合、予め重要な部分に付箋やアンダーラインを引いて、一目でわかるようにしておきます。

非言語情報の活用です。目立つことはそれだけ記憶保持に繋がります。

（3）模型やデッサンなどを見せる場合、どこがポイントなのかを明確にする。

ポイントの部分がより詳細に伝わる内容の資料を用意します。ツールのWチェックです。模型であれば、拡大した資料などを用いて説明します。

ツールを使用することが目的になってしまわないように気をつけます。

お互いが共通の認識を持つためには、相手の情報量と同じ視点に立たないと一方的な説明になってしまいます。相手が白紙の状態なら尚更です。説明に肝心なのは、相手を置き去りにしてしまわないようにすることです。

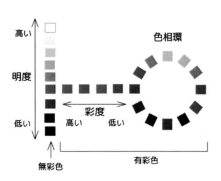

02　説明力の能力要素

　一生懸命伝えようとしても、伝わらなければあなたの努力は水の泡です。伝わるというのは、相手が理解するということです。そのためにも、相手の理解を促すためのあらゆる方法を押さえておく必要があります。伝わらない人の多くは、自分本位で話す、伝える内容の組み立てがされていない、想定外の問題が起きた時にあたふたして停止してしまうなどの原因が考えられます。確実に伝えるために備えておきたい能力の三つです。

1．インタビュー能力

　インタビューの目的は相手を知ることです。説明において、なぜ、相手を知る必要があるのか、それは、相手本位で説明するためです。

　出会いがしらにいきなり説明する人はまずいないと考えられます。最初は、挨拶をしてちょっとした会話をして、そこから本題に入るのではないでしょうか。このちょっとした会話が苦手という人は少なくありません。インタビュー能力とは、質問して聞き出す能力です。

　会話のスタートは切り出し話法を使います。

『き』	気候や季節	例：	「毎日、暑いですね」
『ど』	道楽や趣味		「趣味は何ですか」
『に』	ニュース		「●●の件、驚きましたね」
『た』	旅		「お盆休みは旅行されましたか」
『ち』	知人		「●●さんはご存じですか」
『か』	家族		「ご両親はご健在ですか」
『け』	健康		「身体鍛えていらっしゃいますね」
『し』	仕事		「最近は忙しいですか」
『衣』	衣類		「今日のネクタイ、カッコいいですね」
『食』	食事		「昼食は召し上がりましたか」
『住』	住居		「どちらにお住まいですか」

　ニュース、知人、家族、健康、仕事、衣類、食事、住居についての話題は、話を切り出しやすくなります。

切り出してもその先の話が続かないという場合もあります。ビジネスですから世間話を長々するわけではありませんが、空気が和むまでは続けたいところです。空気が和むとは、お互いの緊張感が少なくなるということです。趣味や興味が同じだと、一気に和むことがありますが、共通点が見つからないときは必死に話題を探すことになります。その結果、ちぐはぐな質問の繰り返しになってしまい、打ち解けないまま本題に入るのです。

話題は探さなくとも大丈夫です。
質問によって一つの話題を拡げるのです。それがインタビュー能力です。

Ｌｅｓｓｏｎ５

次の会話を成立させてみましょう。

①
あなた

相手　　最近は、社員の３割近くがリモートワークになりました。

②
あなた

相手　　私は、仕事柄リモートワークそのものが難しくて

③
あなた

相手　　○○さんの会社はいかがですか？

④
あなた

どのような言葉が入りましたか？

　ポイントを整理します。

①　切り出し話法を使う

②　3割がリモートワークになったということに対しての感想を述べる

　　例：そうですか、すっかりリモートワークが定着しているのですね

　　感想だけで終わらず、相手の状況を質問する

③　共感の言葉を述べる

　　例：○○さんは、ご苦労なされているのですね

　　　　○○さんは、大変ですね

　　共感の言葉を述べるとき、必ず相手の名前を呼ぶ

④　相手から質問された場合、返答で終わらない

　　返答後に、関連するもので話題を振ってみる

　このように、リモートワークから話題を変えずとも会話を拡げることが可能です。

　拡げるコツは、興味を示すことです。相手は、自分のことに興味を持ってくれていると感じると嫌な気はしないものです。どんな話題でも自分事として捉え感想を述べる、名前を呼んで共感するなどは、簡単に使用できるテクニックです。

　拡げられない人は、すぐ話題を変えてしまうところに原因があります。話題がコロコロ変わると相手は単に質問されているだけに感じます。

　拡げることと深掘りすることは違います。深掘りし過ぎるとまた逆効果です。

　拡げるとは、繋がりを広範囲に持ち合うということです。

　会話のキャッチボールは長く続いたほうが好感度も上がります。そのためには、相手が受け取りやすい場所に受け取りやすい速さのボールを投げることです。

　　　　受け取りやすい場所＝話しやすい話題

　　　　受け取りやすい速さ＝負担にならない質問

　理解度や状況を確かめるために、質問することがあるはずです。返答をもらったら、自分事として捉え、共感するという流れです。

　　　例：ここまでいかがですか？

　　　　　そうですよね、やってみないとわからないですよね。

　　　　　○○さんのおっしゃるとおりです。

　　　　　どうでしょう、一度試してみませんか

　　　　　その上でご判断いただいても結構です。

２．プランニング能力

　プランニングとは計画や立案などを意味します。説明力でのプランニングとは事前準備の下調べから本番に向けての構成までを指します。例えば、一つの製品を説明する際、その製品の良さや特徴を話す正攻法だけでなく、他社の製品との比較や利用実績などから良さをアピールする方法があります。このように、見方を変えた説明ができるようになれば説明力の向上にも繋がります。

　説明はあくまでも相手本位が基本です。インタビューによって相手の知りたい内容を掴み、それに沿った説明ができることが理想です。そのためには、用意周到なプランニングが決め手になります。

練習問題

　あなたは会社で新規事業の提案をすることになりました。どのような情報を集めてプランニングしますか？

　与えられた時間の中では、伝えたいことにも限りがあります。そこで、重要になるのが優先順位です。相手の優先順位とこちらの優先順位が一致する場合は、さほど問題はありませんが、異なる場合にプランニング能力がものをいうのです。

　優先順位の考え方は、重要度と緊急度です。日々の仕事を TO DO リストにする人は多いですが、重要度と緊急度に分けて考えている人は、どれほどいるでしょうか。重要度と緊急度に分けることによって、力の配分が決まってきます。

Lesson6

　あなたのやるべきことにはどのようなものがありますか？
　下図のマトリクスに記入してみましょう。

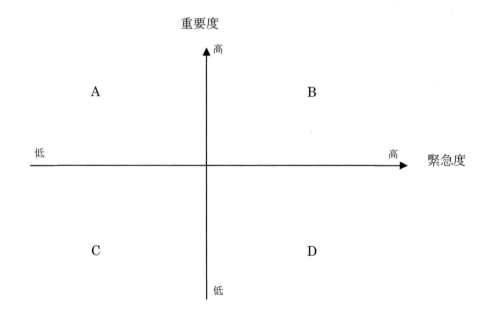

　　　分析：上記の中で最重要課題は B ゾーンに入ります。ところが B ゾーンはお尻
　　　　　　に火がついている業務なので質を上げるための時間がとれないのです。
　　　　　　質をあげるために力を入れるのは、A ゾーンということになります。

　このようにして分析すると、見える化ができます。タテ軸とヨコ軸を違う項目に変えれば、優先順位だけでなく他の分類にも使用可能です。

フレームワークの基本は MECE です。

M=Mutually	お互いに
E=Exclusive	重複せず
C=Collectively	全体に
E=Exhaustive	漏れがない

モレなく、ダブりなく

やるべきことを MECE で挙げて、マトリクスのフレームワークに入れると優先順位が明確になります。

仕事で活用する場合は、あらゆる業務を MECE で挙げた後、マトリクスに入れ込みます。

説明力では、軸の項目を要望や問題点などにすれば対策が検討しやすくなります。

その他の代表的なフレームワーク

●3C/4C

それぞれにあてはめて分析します。

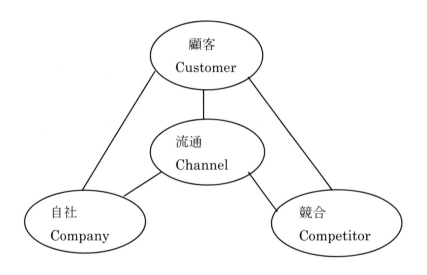

優先順位は1、顧客　2、競合　3、自社　4、流通
新製品などの提案説明に有効です。

他にもロジックツリーや SWOT シートがあります。

ロジックツリーは原因や要因を考えるとき、SWOT は自社の強みと弱みを分析するときに有効です。

●ロジックツリー

例：イベントでの失敗の要因を探る場合

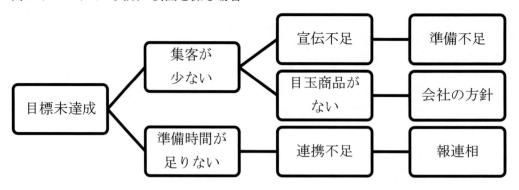

この場合、準備不足が大きな原因と考えられます。

なぜ、準備不足になったのかを探ってみると、真の要因は日々の報連相不足から
生じているものだとわかります。

●ＳＷＯＴシート

例：掃除機の新製品の分析

	自社	市場
プラス面	強み（Strength） ・デザイン性の高さ ・吸引力	機会（Opportunity） ・インテリアの一部として宣伝
マイナス面	弱み（Weakness） ・価格が高い ・大きい	脅威（Threat） ・ホームセンターでの展開不足

SWOT シートは、自社の強み、弱み、取り巻く環境の機会、脅威の４つの要因を
軸として戦略や対策を練るために使用します。

　このようにフレームワークは、説明の枠組みを構成するときに大変便利なものです。情報を
枠（フレーム）の中に入れて整理すると考えれば取り入れやすくなるはずです。

3．ネゴシエーション能力

　ネゴシエーションとは交渉です。ここでは説明においての交渉の必要性をお伝えします。

　相手に承認や承諾を得ようと説明したところ、相手から何らかの要求がなされました。その要求全てを受けるわけにはいかない場合、ネゴシエーション能力が必要です。

　身近なケースに置き換えてみましょう。

　あなたは、久しぶりに友人と会って食事をすることになりました。

　久しぶりなので少し高くても焼肉がいいと考えていました。

　友人に提案したところ、色よい返答ではありませんでした。

　何か他に食べたいものがあるかと質問しても、何でもいいといいます。

　なら、焼肉でもいいのではと思いました。

　ここで、強引に焼肉を押すと、友人の気分を害します。

　なんとなく焼肉ではないというが、何かあるのではないか

　その何かを掘り起こしたところで、互いが気まずくなるだけなのでやめておこう。

　ならば、どうする？

　さて、あなたならどんなふうに交渉しますか？

　ビジネスでも、このように相手の理由が明快でない場合が多々存在します。その場合は、理由探しに時間を費やすのではなく、互いが譲り合えるゾーンを見つけることに時間を割くことです。もしも、理由を聞かないと提案ができないというのなら、その旨を丁寧に伝えお願いするスタンスを忘れないようにしましょう。

　交渉はお互いが納得することが目標です。交渉で勝っても関係性が壊れてしまうと元も子もなくなってしまいます。

　インタビュー（質問）によって相手の具体的要求を聞き、本質的な要求を探り、譲れるラインを見つけます。

　こちらの譲れるラインは、真摯に説明することで理解に繋げます。

　その場で合意するのが難しいと判断したときは、時間をもらうことも方法です。急がば回れというように、急いで失敗するよりは、時間をかけて信頼関係を壊さない方法を見つけるべきです。

　ここまで、説明力としては、インタビュー能力、プランニング能力、ネゴシエーション能力の３つの能力要素が必要になることを説明してきました。

　説明するだけなら大抵の人ができます。

　大切なことは、説明しながら信頼関係を築く、または、壊さないということです。これこそが説明力の真の目的です。信頼を築く作業は、出会いの瞬間からスタートし、説明するプロセスであらゆる場面で行われるのです。

第 4 章

プレゼンテーション

01 論理構築

　理論と論理、よく似た言葉ですが意味が違います。

　理論（Theory）は知識の体系のことを言い、法則的、統一的に説明するために組み立てられた知識のことです。論理（Logic）は自分の考えを進めていく道筋のことを言い、思考や論証の組み立てを言います。

　説明の基本は、わかりやすいことです。話がわかりにくいと言われるのは、要点が定まっていない、話があちこち飛ぶ、結論がわからないなどといった要因が考えられますので、論理的に話せていないことが想像できます。相手を説得する場合は、話がわかりにくいと致命的なダメージとなります。

　筋道を立てて話すというのは、論理立てるということです。論理というと難しいと思われがちですが、１＋１＝２の数式と同じで、結論があれば必ず理由や根拠を入れるといった方程式だと考えると受け容れやすくなるのではないでしょうか。

　理論は知識により組み立てられますが、論理は話の展開を組み立てます。説明が理屈っぽいと言われてしまうのは、知識が前面に出て話の展開を考えないからです。せっかくの知識を存分に活かすために、話の中で知識をどこに入れるか展開を考えると論理的な説明に変わります。

　この章では、論理思考の基本をマスターし、説得するための説明の仕方について学びます。

１．論理思考（演繹法と帰納法）

　論理思考の基本定義は、理由から結論に至る道筋が適切になるように考えることです。事象を理由とすると、「寝坊した⇒だから遅刻した」という流れです。これだけなら簡単ですが、ここに寝坊した理由や、どれくらいの時間寝坊したのかなどが加わってくると、話す順番によって伝わりにくくなるのです。

　論理思考は３つ、演繹法と帰納法と弁証法です。ビジネスにおいては、演繹法と帰納法の論理思考を習得すれば論理的な説明が可能になります（弁証法はプレゼンテーションで記述）。

　演繹法は、事実や一般的な法則から結論を導き出す論理展開で、帰納法は、複数の事実から共通する一般的な法則を導き出す論理展開です。

2．演繹法

難しい漢字のため、難しそうと思われがちですが、日常でよく使われている論理展開です。

例えば、山田さんは田中さんより背が高い。

　　　田中さんは、佐藤さんより背が高い。

　　　じゃあ、山田さんは佐藤さんより背が高いよね。

このような話の展開は、普段からよくされているはずです。

演繹法とは、前提が真実だとすれば、結論も認めざるをえなくなるという論理の展開です。

演繹法の代表的なものに三段論法があります。

　　　大前提　　人はいつか死ぬ

　　　小前提　　ソクラテスは人である

　　　結論　　　よって、ソクラテスはいつか死ぬ

三段論法で最も有名な例です。大前提を真と認めると結論はおのずと真となるという論理です。演繹法において結論は一つです。

演繹法の構図

　　　大前提　　ルールや事実や一般論

　　　小前提　　観察事項：大前提に照らし合わせたときの評価

　　　結論　　　導き出す結論

　しかし、演繹法には落とし穴があります。大前提が真でないと結論は必ずしも正しいとは言い切れない、そのため推測になるという展開です。

> 動物好きな人は優しい人だ
> 小川さんは動物好きだ
> よって、小川さんは優しい人だ

　この場合、小川さんは優しい人と言い切れるでしょうか。優しいかもしれないし、そうでもないかもしれない、どちらともとれます。この論理展開の矛盾は、大前提が真と言い切れないからです。演繹法での大前提は、ルール、事実、一般論を使用しますが、結論を導く際に矛盾が生じないように気をつけることです。

Ｌｅｓｓｏｎ７

　「スマートフォンは便利だ」という結論を導いてみましょう。

大前提

小前提

結論

> スマートフォンは便利だ

ヒント

　便利の定義を考えてみましょう。

３．帰納法

帰納法は、複数の観察事項（現象、数値）から共通的に言えることを発見し、結論を導き出す論理展開です。

帰納法の構図

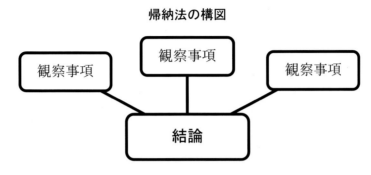

観察事項１　　　　女子はスイーツが好きな人が多い
　　　　　２　　　　最近はスイーツ男子も増えてきた
　　　　　３　　　　スイーツ好きは老若男女を問わない

この３つの観察事項から、共通的に言えることは何？

```


```

帰納法の場合、結論は一つとは限らず、結論はすべて推論となります。

また、帰納法の注意点として、観察事項と結論の間に距離ができるとわかりにくくなり、聞き手が納得できない状態を生みます。二つの例を紹介します。

（１）　　　観察事項１　　　　大谷翔平は二刀流の野球選手だ
　　　　　　　　　　２　　　　大谷翔平はピッチャーとしても一流だ
　　　　　　　　　　３　　　　大谷翔平は打者としても一流だ
　　　　　　　結論　　　　　　よって、大谷翔平はスポーツ万能だ

（２）　　　観察事項１　　　　大坂なおみは世界で活躍する女子プロテニスプレーヤーだ
　　　　　　　　　　２　　　　大坂なおみは全米オープンで優勝した
　　　　　　　　　　３　　　　大坂なおみは CM にもたくさん出ている
　　　　　　　結論　　　　　　よって、大坂なおみは女子プロ NO1 だ

いかがでしょうか、このような結論になると反対意見が出てきそうです。

（1）は、観察事項と結論の間に距離があります。野球からいきなりスポーツ全般になると？が生まれます。

（2）は、観察事項の単位、3の CM にでているが他と異なっています。そのため、結論の推論が弱くなります。

　帰納法の場合、結論は全て推論となるため、観察事項の単位を揃え、結論への距離を出さないことが重要です。

Ｌｅｓｓｏｎ８

　スマートフォンは便利だという結論を帰納法で導いてみましょう。

観察事項１

観察事項２

観察事項３

結論

スマートフォンは便利だ

４．演繹法と帰納法の関係

演繹法と帰納法は密接に関わってきます。

帰納法で共通点を見出した結論が演繹法の大前提になります。

帰納法での論理

観察事項１	相撲は日本から生まれたスポーツ
観察事項２	相撲は歴史と伝統がある
観察事項３	相撲は国民に親しまれている
結論	相撲は国技だ

演繹法での論理

大前提	相撲は国技だ
小前提	国技の基準は歴史と伝統である
結論	よって、歴史と伝統がある相撲が国技となる

５．ピラミッドストラクチャー

帰納法の３つの観察事項をそれぞれ結論として考え、その下に３つずつ事例を組み立てていくと論理は鉄板になります。

結論	相撲は歴史と伝統がある
観察事項	古事記の時代から描かれている
観察事項	土俵は女人禁制の神聖な場所である
観察事項	宮廷の行事であった

このように、たくさんの根拠が土台となり、結論である主張を支えます。

02　説得のテクニック

　説得するための重要ポイントは「Issue:イシュー」です。イシューとは、論点や争点のことを言います。イシューを見誤ると的外れな説得になってしまいます。論理思考をマスターしていれば、イシューを見誤ることはないでしょう。

　例えば、親睦会について話し合っていたとします。
A氏　　近所の居酒屋でソーシャルディスタンスを保って開催
B氏　　コロナ禍の中では必要ない、反対
C氏　　会社の中で、アルコール抜きで開催はどうか
D氏　　飲食ではなく違う形式で考えたらどうか
E氏　　親睦会を開催する意義は何？

　このようなさまざまな意見が飛び出した場合、イシューを見つけ、意見の交通整理をするのです。

　この場合のイシューは親睦会を開催するか否かです。

　説明からそのまま相手の承諾や理解に繋がれば問題はないのですが、人は感情の生き物ですから、説明途中で気持ちが変化したり、不明点が出てきたりすると素直に首を縦に振らないものです。そこで、必要になってくるのが説得です。説明の段階でいろいろな要望や疑問点などが出てきた場合、イシューに沿って説得していくのです。

　説得のテクニックとして、話法を知ることも大切です。話法は型です。相手の言葉を受けて、型に沿って返していくものです。イシューを捉え、話法に則って説得する方法をマスターしていきましょう。

　但し、説得するとは相手を屈服させたり、従えさせたりするものであってはいけません。
　あくまでも、気持ちよく承諾してもらうことであり、信頼関係を継続させるという命題を忘れては本末転倒です。

1. 応酬話法

応酬話法は、営業の基本的なセールストークとして使用されています。相手の質問や意見などに応答する話法です。質問や意見などには一定のパターンがあるという前提に基づき会話を組み立てます。仕事以外のプライベートでも十分通用するスキルです。

代表的な5つの応酬話法を紹介します。それぞれ、練習問題がありますので、自分ならどんなふうに応えるか考えてみましょう。

●質問法

反対の意見に対して、なぜなのか、その理由を質問する方法です。反対意見に対して真っ向から異論を唱えたり、言葉で封じ込めたりすると、相手は心を開くどころか増々反対します。なぜ反対なのか、その理由を教えてほしいというスタンスで相手の本音を探ります。人は最初から無防備に本音は漏らさないという前提からです。

★例：お客様「あまり好きではない」
　　　あなた「あまり好きではないとのことですが、ご不満な点はどこでしょうか」

ポイントは、相手の言葉を繰り返して質問することです。

練習問題

良い製品と認めてはいるが、値段が高いと迷っているとき
お客様「ちょっと、高いですね」
あなた

その後の対話展開：値段だけで迷っているなら、費用対効果の説明に入ります。

質問法は、質問していくうちに、相手からさまざまな情報が出てくるので、その内容を聞き逃さないようにすれば、説得に近づきます。

●Yes But 法

　相手の反対をいったん受け入れてから、「しかし」と続ける話法です。人は、自分の主張を否定されると良い気持ちにはなれないものです。しかも、頭ごなしに否定されてしまうと相手の話を聞こうという気持ちにはなれません。まずは、受け入れる、そこから反論に転じるという順序を踏む話法です。

★例：お客様「高いと思います」
　　　あなた「確かにおっしゃるとおりでお安くはありません。ですが、最新の機能が備わっておりますので、これまでの半分の時間で処理することが可能になりました」

　　　ポイントは、「いや」「でも」を使わずに肯定する言葉を増やすことです。
　　　　　　　反論は、「ですが」「しかし」「ただ」からつなげます。

練習問題

「おっしゃるとおりです」以外の肯定する言葉を挙げてみましょう。

　　対話展開：肯定の言葉が多いほど、相手の心は開き始めます。人は相手によくしてもらえば同じ分量だけ返したいという気持ちが湧いてきます。断ってばかりいると申し訳ないという気持ちになるのです。その結果、100％反対だったものが、反対の割合が徐々に少なくなり、こちらは、折衷案を提案しやすくなるのです。

●引例法

　実例を紹介して説得力を高める方法で、論より証拠です。反対している自分が総体的少数派だとわかると自己主張に揺らぎが生まれるものです。顧客心理でいう『損をしたくない心理』をくすぐる方法です。

★例：お客様「売れてるの？」
　　　　あなた「おかげさまで、発売して1ヶ月ですでに1000社にご利用いただいています」
　　　　　　　業種に分けるとこのような分布になります」

　　　ポイントは、数字だけでなく、利用者の声や、活用の実績、充実度の事実などあらゆる角
　　　　　度からの引例を用意すると説得力が高くなるということです。

練習問題

　最近売れていると思う商品、これまで、売れたと思う商品どちらでも結構です。引例法で説明してみましょう。

商品名	
内容	

　引例法で説明する場合、決め手となるのは相手が知りたい情報です。質問法やYes But法を使って相手の本音を探りながら、引例法で伝えると説得効果が上がります。

●ブーメラン法

　応酬話法でも高度なテクニックになります。ブーメランは投げたところに返ってきます。相手のツボにはまると効果は大です。投げ方次第で自滅しかねないので、注意しましょう。

例：お客様「高いよね」
　　あなた「だからこそ、価値があるのです。価値がわかるお客様だからご紹介しています」

　　　ポイントは、「だからこそ」のフレーズです。相手の否定要素を逆手に取って、必要であると思わせてしまうのです。相手の自尊感情（マズローの５段階欲求説）をくすぐることが必要です。そのためには、あなた自身が信用に値する人でなくてはなりません。

　　　信用に値するか否かの判断は、非言語要素の割合が大きいのです。ブーメラン法を使っても、態度が不遜であったり、反対に挙動不審であったり、また、声が聞き取れない、言いたいことを早口でまくしたてるなどがあると効果はゼロです。

●聞き流し法

　相手の反論を聞き流す方法です。聞き流すというと相手から増々反感を買うように思うかもしれませんが、話の本題に入る前にこのような対話は少なくないはずです。相手は本題に入る前に断ることが目的なのですから。そこで引きさがっては、説明すらさせてもらえなくなりますので、この聞き流し法を活用します。

例：お客様「必要ないです」
　　あなた「さようでしたか。ところで、現在は何をお使いになっているのか教えていただけますか」

　　　ポイントは、最初に承諾の言葉を入れるという点と多用しないという二点です。最初に承諾の言葉がないと、相手は「人の話を聞いてるのか」という不信感を抱きますし、多用すると、怒りを誘ってしまいます。

　応酬話法は一つの話法だけで対話が成立するのではなく、相手の言葉に対し、その都度どれかを使いわけながら対話を成立させていくことで、説得への道筋ができるのです。

Lesson9

応酬話法で□の中に入る言葉を考えてみましょう。

場面：新しい製品の売り込みに行ったものの、相手は断る一辺倒です。
　　　せめて次回の面談だけでも取りつけたい場合

あなた「おすすめの新製品です、いかがでしょうか」
相手　「うちは、機械を新しくする予定はないです」
あなた

```
┌─────────────────────────────────────────────┐
│                                             │
│                                             │
│                                             │
│                                             │
│                                             │
└─────────────────────────────────────────────┘
```

相手　「業績も良くないし、お断りします」
あなた

```
┌─────────────────────────────────────────────┐
│                                             │
│                                             │
│                                             │
│                                             │
│                                             │
└─────────────────────────────────────────────┘
```

相手　「今のままでも十分ですので、せっかくのお話ですが」
あなた

```
┌─────────────────────────────────────────────┐
│                                             │
│                                             │
│                                             │
│                                             │
│                                             │
└─────────────────────────────────────────────┘
```

ポイント：全く相手にされない場合の突破口は、次回に繋がるための足掛かりを探すことです。説得するのではなく、きっかけを作ることに舵を切り、対話します。

２．その他の説得

応酬話法は言葉のテクニックですが、心理的なアプローチで説得する方法もあります。

●踏み込みのテクニック

相手の心に一歩踏み込む方法です。第３章でパーソナルスペースの話をしましたが、初対面では実際の距離とともに心の距離も一定を保つのが常です。初対面から一歩距離を縮めるために、相手が即座にYESを言えるような依頼から始める方法です。

人はいったん簡単な承諾をすると、その後の依頼に対して断わりにくくなるという傾向があります。米国の調査で、いきなり面倒な調査を依頼したら22%しか引き受けなかったのが、事前にアンケート調査に答えてもらってから依頼すると53%が承諾したという結果があります。

●ドア・イン・ザ・フェイステクニック

相手のNOを見通して最初に無理な要求をし、相手の断りを受けてから、次に本題の要求をするというテクニックです。

これは、相手にこちらが譲歩したと思わせ、次の要求で譲歩してくれたお返しとして承諾する気持ちになりやすいという心理を突いたものです。

要求を断る行為は少なからずとも多少の罪悪感が芽生えます。また、断って悪い印象を与えてしまったという気持ちになりやすいので、それを払拭するために、次の要求には応じてしまいやすいのです。

●ロー・ボール・テクニック

最初に良い条件を提示して要求に応じさせます。その後で最初より不利な条件を提示して承諾させる方法です。こちらの意図する説得条件は後の方です。

いったん承諾してしまうと、その後、条件が変わっても譲歩しやすいという心理を突いたものです。

●社会的評価を活用する方法

他人との比較を持ち出し説得する方法です。社会的評価を概念に説得されると、自分が劣っているとみなされる心配が湧き起こり、説得に応じるというわけです。

03 プレゼンテーション

1. 基本の考え方

　プレゼンテーションの定義は、「限られた時間の中で、情報を正確に伝え、結果として相手の意思決定を促すコミュニケーション方法」です。第1章で日常はプレゼンテーションの連続とお伝えしました。業務報告、提案、連絡事項から今日のランチは何にするかまで、あなたが誰かに何か伝える場面は、いうなれば広義のプレゼンテーションです。

プレゼンテーションの構図

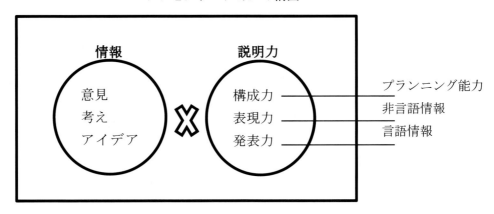

時間

プレゼンテーションとは、限られた時間の枠の中で情報を説明する

3P分析

　プレゼンテーションにおいての3P分析は、構成力の要になるものです。

Purpose 目的	何のためにプレゼンテーションするのか
People 聞き手	聞き手は誰か、知識はどのくらいか、何を望んでいるのか
Place 場所	どんな場所で話すか ツールは何か

伝わるための3原則

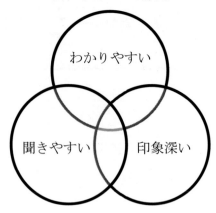

●伝え方の3K

①簡潔に話す

どんなに良い話でも、だらだらと長くなると決して好まれるとは言えません。
要点を明確に、端的に話すことです。また、オノマトペといわれる擬音語と擬態語が
多すぎてもわかりにくくなります。

②簡単な言葉で話す

伝えたい内容によっては専門用語を使用することは必要です。専門用語は知識のない
相手にとっては宇宙語と同じです。相手目線で言葉を選ぶことを忘れてはいけません。
専門的な内容はできるだけかみ砕いて伝えることです。

③感じ良く話す

ズバリ！非言語要素は必須項目です。誰が見ても誰が聞いても感じが良い、これにつ
きます。そのためには、非言語要素を磨くことです。

練習問題

伝え方の3Kを意識してあなたの趣味を話してください。

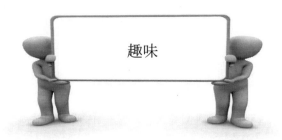

趣味

３Kのうち、うまくいかなかったのはどれでしたか？

2．PREP法とSDS法

多くの人が、<u>「簡潔に話す」</u>というところで悩むと思います。

そこで、話法を用いればわかりやすい話し方に変わります。情報を話法にはめれば話の筋道が描けます。代表的な話法はPREP法とSDS法です。基礎講習の『話す力』で学んだ内容です。

この章では、伝わるための三原則に基づき、それぞれの盲点や注意点を学びます。

●PREP法

テーマ	『私の趣味』
結　論	私の趣味は映画鑑賞です。
理　由	なぜなら、映画鑑賞はモチベーションを上げてくれるからです。
具体例	３つの映画から説明します。
	まず、「○○」のように逆境から這い上がってくるヒーローには勇気をもらい、自分も頑張ろうという気持ちになります。
	次に「○○」に描かれた何事も上手くいかなくて落ち込んでいる主人公には自分を重ね合わせ、ありのままで勝負する強さを学びました。
	最後に「○○」のストーリーのように些細なきっかけで出会っていく人々の縁には感動を覚えます。今の自分の現状を感謝できるようになりました。
まとめ	このように映画は私の生き方のバイブルです。

PREP法の落とし穴は、理由と具体例の区別がつかなくなってしまうことです。

理由は単純明快にして、具体例は詳細に述べることが鉄則です。理由が長くなると具体例の内容まで踏み込んでしまうからです。具体例は３つ並べると盤石です。３という数字が論理学上まとまりやすく、相手の記憶に残せやすいとされています。昔から三匹の子豚、三人寄れば文殊の知恵、三本の矢というように慣用句でも使用されています。

まとめは印象に残るような一言を添えると説明から説得へと変化します。

Ｌｅｓｓｏｎ１０

自分の趣味を PREP 法で説明し、相手を納得させてみましょう。

POINT 結論	
REASON 理由	
EXAMPLE 事例 具体例	
POINT まとめ	

●SDS法

要　約　　私の趣味は映画鑑賞です。モチベーションアップには欠かせないお勧めの三本
をご紹介します。

詳　細　　まず、「○○」
ご覧になったことありますか。
私は、この主人公が何度も何度も逆境に立たされながら、立ち向かっていく姿
に感銘を受けました。そして最後はヒーローになるサクセスストーリーに、私
はやる気と勇気をもらいました。

次に「○○」
この主人公はすぐ落ち込みます。この点が自分とよく似ていて共感するところ
です。しかし、この映画を見ると落ち込んだっていい、ダメでもいい、大切な
のは、現実から逃げないことなのだという教えをもらえました。

三本目は「○○」
アカデミー賞作品ですから、ご存じでしょう。
袖振り合うも多生の縁、一期一会を描いた内容です。現世で出会う人は過去か
らの巡りあわせによるものだと信じるようになりました。この映画を観てから
出会う人を大切にするようになりました。

まとめ　　三本の映画から生き方そのものを学ぶことができました。映画「○○」の「○○
○○」このセリフは今の私のモットーです。ご覧になっていないものがありま
したら、是非おすすめしたいです。

✍POINT

SDS法の落とし穴として考えられるのは二点あります。

　まず、要約とまとめを同じにしてしまうケースです。要約はまとめではなく、あくまでも全
体の総論です。まとめは説得するためのひと押しです。

　次に、詳細の説明に変化がなく単調すぎると冗長になり聞き流されてしまう危険性があり
ます。長くなる場合は、適度にインタビューを差し込んだり、ツールを使用したりして相手と
の関係性を維持していくことが必要です。

３．その他の方法

　プレゼンテーションのまとめ方は、コンセプトをどのようにまとめるかに係っています。コンセプトは概念のことを言いますが、プレゼンテーションにおいては、全体の枠組みと考えるとわかりやすいと思います。

●時系列法

　伝える情報を時系列で繋げる方法です。過去の実態、現在の状況、未来の見通しを伝え、説得していきます。時間的な流れで構成するので比較的作成しやすい反面、言いたいことの焦点がぼやけてしまう可能性があります。

　コツは、全体を貫くキーワードを考えることです。

例：新製品の説明からトライアル設置への説得

キーワード	時代の流れを掴む
過去	大量生産が主流、安価で便利なものとして登場
現在	便利さを追求し、機能やデザインの改善に着手
未来	今後は、量か質の二極化になる 質の追求で勝負するための新製品

●地理的法

　立体的な広がりを感じさせる方法です。売上や店舗数など、地域特性に沿った提案に効果的です。地図上で、色分けした分布図、グラフを挿入するといった手法を使用し、一目でわかるインパクトがあります。

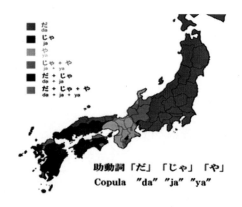

　例えば上図の場合、隣接して広がったものと推察できますが、一部異なる箇所もあります。その要因は何故かを伝えることで、説得の材料に変わります。

●エスカレーション法

　エスカレーションとは上昇、拡大を意味します。ビジネスにおいてのエスカレーションとは、重大なアクシデントが起きた場合、上長に相談することを言います。

　プレゼンテーションでは、売上の拡大や、規模の拡大など、成功のプロセスを劇的に説明するには効果的な方法です。成功のプロセスに留まらず、今後の見通しも加えれば、相手をその気にさせるシナリオが描きやすくなります。

例：出店計画

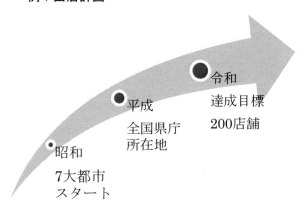

令和
達成目標
200店舗

平成
全国県庁
所在地

昭和
7大都市
スタート

●弁証法

　論理思考の一つで、相反する二つを満足させるための結論を導き出す方法です。

　真逆の主張を取り上げ、それぞれの利点や問題点などを挙げます。その二つを合わせ新たな展開として納得させるものです。論理の仲裁策ともいわれ、それぞれの矛盾点から解決策を導くという方法です。

　簡単な例でいえば、ステーキが食べたい自分とお寿司が食べたい友人との間で、互いが納得するために、両方を提供しているレストランを見つけるようなものです。

　白と黒なら灰色にする、正と反なら合わせる、是と非なら是々非々という中立案を考えだすものです。

　弁証法の盲点は、互いのいいとこどりをしてまとめようとすると、論理が破たんしがちになりますので、必ず相反するそれぞれの課題を考え、解決策を導くようにします。

例題

あなたの高校で制服を廃止にするか否かが討議されています。

挙がった意見は以下のとおりです。

弁証法で解決策をプレゼンテーションしてみましょう。

賛成意見	反対意見
個性を尊重する 身だしなみに気をつけるようになる 張り合いがでる	学校のイメージの統一感がとれない 派手な格好が助長される 身だしなみに個人差がでる

制服の在り方を考える

賛成、反対の意見それぞれの課題を考える

賛成意見の課題	反対意見の課題

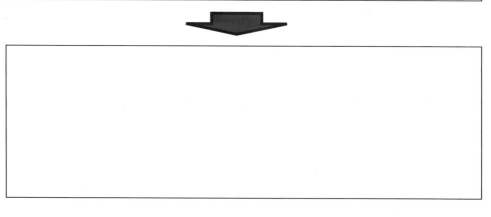

４．効果的なプレゼンテーション

●聞きやすいプレゼンテーション

　プレゼンテーションは聞き手に「？」が生まれると不協和音が鳴り始めます。人によって
は、「？」がずっと気になってその後の話が正確に耳に入らなくなってしまう人も少なくあり
ません。

　話のつじつまが合わないのはもちろんですが、頻繁に登場する難しい言葉や聞き慣れない
言葉に引っかかってしまうということもあります。

　説明や説得をする場合、知識量で相手に信頼を得ようとするあまり、難しい言葉や専門用語
を使おうとしがちです。しかし、専門用語は説明する側にとっては当たり前でも、聞き手に
よっては宇宙語でしかありません。相手本位になるように平易な言葉に言い換える配慮が必
要です。話し手は、聞き手の知識レベルに合わせるとともに、聞き手の非言語を注視しなくて
はなりません。

　世の中のトップセールスマンと呼ばれる人たちは、聞く力に優れています。聞く力とは、相
手の状況を観察する力です。聞き手の表情が変化した瞬間を見過さず、すかさず質問したり言
い換えたりしながら、反応を見ています。一瞬を見逃さない力です。常に相手を気持ちよくさ
せることに注力しています。

●心理的に気持ちよくさせるための３か条

・緊張感を与えない

　自分が緊張すると相手も緊張します。緊張感は伝染します。

・同調行動を心掛ける（シンクロさせる）

　相手の動きと同じ動きを意識することです。

　お礼をいう時に、自然と頭が下がるのは自己同調行動（セルフ・シンクロニー）と呼ば
れ心と動作が一致しています。

　聞き手の動作を真似て、相互の同調行動（インタラクショナル・シンクロニー）を完成
させます。

・否定しない

　褒められて嫌な人はいないですが、褒めるポイントがズレていると反対に疑われます。
否定されて嬉しい人はいません。例えそれが正論だとしても、受け取る側は、気持ちのよ
いものではないでしょう。対話上、否定が必要なときは、肯定する言葉とセットです。
但し、非言語は常に肯定姿勢です。

●印象深いプレゼンテーション

　聞き手にとって、予想外の話は印象に残りやすく、説得の効果が期待できます。予想外の話とは、意表をついた冗談やユーモアがある、たとえ話（比喩）があるなどです。

　冗談やユーモアはその場の雰囲気を明るくするリラックス効果があります。聞き手にとってリラックスして自然体でいられるのは心地よいものですから、自ずと話を聞こうという気持ちになるのです。

　しかし、冗談やユーモアがうけるのは、聞き手にとっての興味や関心に沿ったものであるからです。話し手だけの関心なら、その場の空気が寒くなるのは言わずもがなです。

　そんな時、聞き手の関心がどこにあるのか、興味の対象は何なのかを、事前に調べる3P分析がものをいいます。ウイットに富んだジョークが話せるのは、日頃から柔軟な思考を持ち、多角的に物事を見つめる訓練の賜物です。その思考や視点が、相手を観るときに活きてくるのです。

　たとえ話（比喩）も同じで、聞き手の興味や関心に沿ったものでなくては聞き手に響きません。相手目線で考え、同じ知識量の話題でなければ、単なるひとり言で終わってしまいます。

　もちろん意外性などなくても、印象深いプレゼンテーションは十分可能です。

　それは、相手が求めるものに応えた内容であること、話し手本人が信用に値する人であること、心に残るフレーズがあることなどが考えられます。

　つまり、印象深いプレゼンテーションをするためには、話したいことより聞きたいことを中心に組み立てていくという聞き手を思い遣る気持ちが欠かせないのです。

■ 説明力チェックシート

●非言語情報	チェック欄
アイコンタクトが適切にできている	☐
姿勢や態度は好感が持てるものである	☐
適度なボディアクションがある	☐
滑舌が良い	☐
話すスピードが適切で聞きやすい	☐
声のトーンが心地よく聞きやすい	☐
抑揚や間が入って、話し方にリズムがある	☐
空間や距離を意識できている	☐
ツールを効果的に使用できている	☐
●言語情報	チェック欄
好意的なインタビューができている	☐
事前のプランニングができている	☐
反対意見に対してネゴシエーションができている	☐
話の筋道が通っている	☐
結論がわかりやすい	☐
応酬話法を活用している	☐
●プレゼンテーション	チェック欄
わかりやすい内容だったか	☐
聞きやすい内容だったか	☐
印象深い内容だったか	☐
●基本原則	チェック欄
相手目線で説明や説得ができている	☐
相手に対して配慮ができている	☐
伝える内容に誇りと自信を持っている	☐

説明力の向上は、PDCA です。
チェックシートに基づき、自分を振り返るように努めましょう。
チェックが入らないところを次の課題にしていきましょう。

最後に

　「段取り八分」という言葉は、本番の出来は事前の準備で 8 割がた決まる（成功するかどうかは準備の段階で 80%決まる）という意味です。

　事前準備が大切なのは十分承知の上だと思います。説明力においての事前準備とは、３Ｐ分析における内容ですが、もとを正せば日頃の自己意識そのものです。

　なぜなら、非言語要素の大半は日頃から意識していれば身につくものだからです。聞き手となる相手を思い遣る気持ちや配慮も同じで、日々、意識できているかにかかっています。

　仕事はひとりではできません。あなたの仕事は誰かと繋がって、誰かに渡ります。その誰かがあなたを評価し、あなたに戻ってきて自信に変わります。

　　　できないことは恥ずかしいことではなく、未来があることです。
　　　できていることは自信になっても、慢心してはいけません。
　　　実績は時価でしかありません。
　　　常に、向上する気持ちを忘れずにいることがあなたを助けます。

　　　説明力があなたを支えるチカラになるように期待しています。

著者紹介

山際　能理子（やまぎわ のりこ）

　有限会社幸プランニング契約講師

　桜美林大学卒業後、つくば博覧会、長野オリンピック等で司会・ナレーターとして
　従事する。

　専門学校、大学非常勤講師、研修・セミナー・講演会講師として幅広く活躍中。

　サービス接遇検定1級保有、「サービス接遇検定1，2，3級」著者

　サービス介助士、社会人基礎力認定講師

職業訓練法人H＆A　説明力強化

| 2021年4月1日 | 初 版 発 行 |
| 2023年4月1日 | 第二刷発行 |

著 者　山際　能理子

発 行 所　職業訓練法人H＆A
　　　　　〒472-0023　愛知県知立市西町妻向14-1
　　　　　TEL 0566(70)7766
　　　　　FAX 0566(70)7765

発 売　株式会社　三恵社
　　　　　〒462-0056　愛知県名古屋市北区中丸町2-24-1
　　　　　TEL 052(915)5211
　　　　　FAX 052(915)5019
　　　　　URL http://www.sankeisha.com

ISBN978-4-86693-409-9